Marita Koerrenz

Der Mensch Martin Luther

Eine Unterrichtseinheit für die Grundschule

Vandenhoeck & Ruprecht

Martin Luther – Leben, Werk und Wirkung

Herausgegeben von Michael Wermke und Volker Leppin

Bibliografische Information der Deutschen Nationalbibliothek

Die Deutsche Nationalbibliothek verzeichnet diese Publikation in
der Deutschen Nationalbibliografie; detaillierte bibliografische Daten
sind im Internet über http://dnb.d-nb.de abrufbar.

ISBN 978-3-525-77002-3
ISBN 987-3-647-77002-4 (E-Book)

Umschlagabbildung: akg-images
S. 13: © Benedikt Schaufelberger, www.Benedikt-Schaufelberger.de, www.Latein-Pagina.de

Inhalt

Vorwort

Der Lebensweg von Menschen vermittelt Kindern oftmals einen Zugang zu Sachfragen. In der Suche nach Orientierung bieten Biografien einen Anlass, sich mit jenen Fragen zu beschäftigen, für den der jeweilige Lebensweg steht. Wenn in Schule und Gemeinde bei Kindern im Alter von etwa acht bis zehn Jahren Martin Luther als Thema eingebracht wird, geht es deswegen nicht nur und nicht in erster Linie um die Person an sich. Es geht darüber hinaus auch um Antworten auf Fragen wie: Wo liegen die Wurzeln der evangelischen Kirche? Warum gibt es überhaupt verschiedene christliche Bekenntnisse? Was sind die Kernpunkte des evangelischen Glaubens? Der Lebensweg Martin Luthers wirkt dann wie ein Fokus, in dem sich die Fragen bündeln, die die Reformation zu beantworten versuchte. Das Leitmotiv des vorliegenden Materialheftes: „Der Mensch Martin Luther" zielt also gleichermaßen auf den Lebensweg des Reformators und die Grundlagen des evangelischen Glaubens.

Elementarisierung zwischen Kindorientierung und Sachbezug

Die zentrale Herausforderung besteht in mindestens dreifacher Hinsicht darin, den überaus komplexen Stoff sowohl der Biografie Luthers als auch der damit verbundenen Entstehungsgeschichte der Evangelischen Kirche zu elementarisieren. Diese Elementarisierung muss erstens den Lernbedingungen und Lerninteressen der Kinder Rechnung tragen, zweitens auf dem Stand der wissenschaftlichen Forschung aufruhen und schließlich drittens mit dem allzu oft hektischen und von Zeitmangel bestimmten Arbeitsalltag von Religionslehrer(inne)n und Gemeindepädagog(inn)en in Einklang zu bringen sein.

Blicken wir auf die Kinder und deren Lernhorizonte, so müssen wir uns zunächst einmal einige grundlegende Sachverhalte vor Augen führen. Martin Luther ist gewiss kein Thema, bei dem man einen engeren Bezug zum Alltag der Schülerinnen und Schüler voraussetzen kann. Und doch ist der Name „Martin Luther" in unserem Alltag präsent. Es gibt Straßen und Plätze, die nach dem Reformator benannt sind. Je nach Gegend tragen Kirchen diesen Namen, gelegentlich auch Schulen. Näher noch als der Umgang mit dem Namen sind den Kindern jedoch Fragen, die sich aus den Alltagsbeobachtungen zu Eigenem und Fremdem ergeben. Grundlage dieser Fragen ist die Feststellung, dass es überhaupt unterschiedliche Religionen und innerhalb des Christentums unterschiedliche Konfessionen gibt. Eine Beschäftigung mit Martin Luther kann neben dem Hinweis darauf, dass Luther einfach eine wichtige Person der Kulturgeschichte ist, daran anknüpfen, dass sich in ihm ein Zugang zu den Anfängen und Grundlagen der protestantischen Kirchen finden lässt. Auf diese Weise kann erklärt werden, warum es innerhalb des Christentums verschiedene Ausprägungen gibt, wie diese Verschiedenheit entstanden ist und was in dieser Spielart der Kern des Christentums im Vergleich zu anderen Religionen sein soll. Dies aber macht ein Heft wie das vorliegende über den konfessionsgebundenen Religionsunterricht hinaus auch für Unterrichtsfächer attraktiv, in denen Religion als Dimension der Kulturgeschichte thematisiert werden kann. Unterschiede zwischen Menschen allgemein und Kindern speziell werden immer stärker auch an der kulturgeschichtlichen Herkunft festgemacht – einer Herkunft, in der wiederum Religion ein wesentlicher Prägefaktor ist. Die religiöse und konfessionelle Herkunft sind insofern weit über den eigentlichen Religionsunterricht von einer elementaren Bedeutung. Schließlich stellt sich mit Blick auf den kulturgeschichtlichen Anteil anderer Ausprägungen des schulischen Religionsunterrichts (römisch-katholisch, islamisch) die Frage, ob nicht gerade über eine Beschäftigung mit der Person Luthers ein Zugang zu der Tradition des evangelischen Glaubens eröffnet werden kann.

In erster Linie richtet sich das Heft jedoch an die verschiedenen Lernorte eines evangelischen Religionsunterrichts. Blicken wir auf die schulischen Lehrpläne für Evangelische Religionslehre, so wird das Thema „Martin Luther" in der Regel im 3. und 4. Schuljahr behandelt. Anknüpfungen gibt es jedoch auch in den Lehrplänen für das 5. Schuljahr unter den Stichworten „Mensch-Sein", „Vorbilder" und „Kirche".

Fachwissenschaftlich geht dieses Heft von dem Gedanken aus, dass der evangelische Glaube in einer besonderen Weise mit Sprache, Sprachfähigkeit und Sprachkompetenz verbunden ist. Im Mittelpunkt des evangelischen Glaubens steht die Schrift, sodass die Auseinandersetzung mit den eigenen Möglichkeiten und Grenzen der Sprache unmittelbar in den Vorhof des evangelischen Glaubens führt. Die Informationen über den Lebensweg Martin Luthers stehen immer vor der Aufgabe, eine Balance von Fremdheit und Nähe zu versuchen. Die Welt Luthers war nicht die unsrige, sie ist uns in vielen Alltagsdingen fremd. Wenn all dies jedoch nur fremd wäre, lohnte eine nähere Beschäftigung mit der Sache kaum – zumal mit Blick auf eine ganze Unterrichtsreihe. Deswegen bildet die Frage nach der Nähe, die Frage nach der Brücke zwischen Luthers Lebensweg und unserem heutigen Alltag eine zentrale Herausforderung. Die Idee des vorliegenden Heftes ist es, dass diese Brücke in dem Aspekt der „Sprachfähigkeit" zu sehen ist. Luther ging es darum, durch eine neue Sicht auf Kirche, durch seine Übersetzung der Bibel und durch die Botschaft der Rechtfertigung die Menschen sprachfähig zu machen – vor Gott und vor den Menschen. Heute kommt es vielleicht mehr denn je darauf an, dass Kinder eine umfassende Sprachkompetenz erwerben. Dies reicht von den ganz banalen Aspekten des Lesen- und Schreiben-

Könnens bis zu der kulturgeschichtlichen Sprachfähigkeit, überhaupt bestimmte Sachverhalte einordnen und deuten zu können. Zu Letztgenanntem gehören auch die Vielfalt und die Eigenheit der Religion, wobei das Eigene des evangelischen Glaubens eben in elementarer Weise aus dem Lebensweg Luthers erlesen werden kann.

Kompetenzen fördern – Sprache bilden

Die Förderung der skizzierten Sprachfähigkeit kann in verschiedene Teilkompetenzebenen unterschieden werden. Auf einer ersten Ebene geht es um Lesekompetenz, darauf aufbauend um eine Interpretationskompetenz. Neben diesen „formalen" Aspekten können durch die Arbeit mit den vorliegenden Materialien „inhaltlich" die historische Kompetenz und schließlich die religiöse Kompetenz unterstützt werden. Der Aufbau sowohl des gesamten Heftes als auch die Binnenstruktur der einzelnen Kapitel orientieren sich an dieser Zielstellung. Den Leitfaden des Heftes bilden die Erzählungen zu wichtigen Stationen auf dem Lebensweg Martin Luthers. Die Erzählperspektive ist auf die Verstehensperspektive der Kinder angelegt. Die Rahmenhandlung bildet das über mehrere Tage hinweg geführte Gespräch eines Vaters mit seinen beiden Kindern, Martin und Sabine. Dieser Rahmen ermöglicht den Lehrenden leicht eine Verknüpfung der verschiedenen Lerneinheiten. Gleichzeitig kann der Rahmen jedoch auch ausgeblendet werden und lediglich die unmittelbare Erzählung zu Luther in den Unterricht eingebracht werden. In den Lerneinheiten bildet die jeweilige Erzählung die Grundlage für die Beschäftigung mit den Arbeitsblättern.

Lesen kann vor allem im Umgang mit der jeweils einleitenden Geschichte geübt werden. Diese Geschichten eignen sich neben der stillen Lektüre sowohl zum lauten Vorlesen vor der gesamten Klasse als auch zum gemeinsamen Lesen in einer Lerngruppe. Verbunden ist dies mit dem Kennenlernen neuer Wörter unter anderem der religiösen Sprache. Möglich ist auch, dass die Schüler die Aufgabe bekommen, einzelne Geschichten mit frei gesprochenen Texten in ein Rollenspiel umzuformulieren und dies in der Lerngruppe vorzuspielen. An diesem Punkt befindet sich der Übergang zur Interpretationskompetenz, die eine vertiefte inhaltliche Auseinandersetzung voraussetzt.

Diese auf Textverstehen ausgerichtete Lerndimension hat sich vor allem jedoch in dem Verhältnis zu den Arbeitsblättern zu bewähren. Diese dienen zur Vertiefung und zur Überprüfung der in den Geschichten vorgetragenen Inhalte. Hier müssen die Kinder Lösungen nicht nur finden, sondern zum Teil auch „organisieren". Zugleich dienen die Arbeitsblätter natürlich der Vertiefung und Lernkontrolle. Die – wie die eigentlichen Arbeitsblätter – ebenfalls kopierfähigen Lösungsseiten am Ende des Materialheftes erleichtern die Arbeit für den Lehrenden. Das Lutherspiel und das Leporello sind für den Einsatz am Ende der Einheit gedacht, da die Kenntnis der einzelnen Geschichten zum Leben Martin Luthers hier als Vorwissen vorausgesetzt wird. Dies kann zur Lernüberprüfung, aber auch zur Verfestigung des bereits Gelernten eingesetzt werden.

Entstanden ist das Materialheft im intensiven Austausch mit einer langjährigen Grundschullehrerin, meiner Schwägerin Karola Koerrenz. Ihr danke ich herzlich für kritische Anregungen und für die Unterstützung bei der grafischen Darstellung der Arbeitsblätter.

Marita Koerrenz

1. Die Kindheit Martin Luthers

Lesetext

Sabine und Martin hatten es sich im Wohnzimmer bequem gemacht. Auf diese Abendstunde hatten sie sich schon den ganzen Tag gefreut. Gleich würde sich ihr Vater Zeit für sie nehmen und ihnen Geschichten erzählen. Martin hatte sich gewünscht, dass Vater die Lebensgeschichte seines Namensvetters erzählen möge, nämlich die des berühmten Reformators Mar

5 tin Luther. Als Vater endlich kam, setzte er sich zu Sabine und Martin aufs Sofa und begann zu erzählen:

„Sabine, Martin, ich möchte euch mit auf eine Zeitreise nehmen. Stellt euch einmal Deutschland vor ohne Autobahnen, ohne Landstraßen, ohne Ampeln und Verkehrsschilder, ohne große Städte, ohne elektrischen Strom, ohne Fabriken, ohne moderne Heizung, ohne Kranken

10 häuser, ohne Autos, weit und breit vor allem Wälder, Wiesen und Felder, Seen und Flüsse, Berge und Täler.

Ihr seht Menschen, die auf den Feldern arbeiten, andere sind im Stall und versorgen die Tiere. Jungen und Mädchen in Kittelkleidern laufen barfuss umher und spielen Fangen. Die Mütter haben sich im Hof versammelt und waschen Wäsche. Einige Kinder helfen ihnen dabei.

15 Das Wasser müssen sie aus dem Dorfbrunnen holen. In einem großen Bottich, so eine Art Wanne, wird die Wäsche mit der Hand gewaschen. Da die Frauen gerne miteinander plaudern, nutzen sie diese Zeit, um die neuesten Dorfgeschichten auszutauschen. Oft machen Geschichten von der Hölle, vom Teufel und von bösen Hexen die Runde.

Ansonsten ging das Leben recht einfach zu. Die Menschen wussten noch nicht viel von

20 dem, was in anderen Ländern passiert. Es gab ja noch keine Zeitung, kein Fernsehen und erst recht kein Internet. Nur wenige konnten überhaupt lesen und schreiben. Es gab damals noch keine Schulpflicht für alle Kinder, so wie heute.

Nur wenige Kinder durften in die Schule gehen. Dort lernten die Kinder dann vor allem Latein, das war damals die Sprache der Gelehrten. Die meisten Kinder mussten zuhause mit

25 helfen. Sie mussten Ziegen melken, im Haushalt oder im großen Obst- und Gemüsegarten mitarbeiten. Der Wechsel von Frühling, Sommer, Herbst und Winter bestimmte das tägliche Leben. Die Menschen erzählten sich viele Geschichten und gaben ihre Lebensweisheiten an die nächste Generation weiter. So habt ihr vielleicht schon einmal von den Bauernregeln gehört, mit denen die Menschen versucht haben, das Wetter vorherzusagen. Einige Regeln

30 davon sind noch heute bekannt.

Viele Menschen hatten große Angst vor Krankheiten. Aber auch vor dem Teufel oder gar einem bevorstehenden Weltuntergang fürchteten sich die Menschen. Trotzdem gab es einige Menschen in der damaligen Zeit, die besonders mutig waren. Vielleicht habt ihr schon mal von Christoph Kolumbus gehört.“

35 „Ja“, unterbricht Martin seinen Vater, „der hat doch Amerika entdeckt.“

„Ganz richtig Martin", fuhr der Vater fort. „Und es gab Menschen, die haben sich Gedanken über neue Erfindungen gemacht. So wurden zum Beispiel der Kompass und die Uhr erfunden. Auch der Handel mit den verschiedensten Waren breitete sich aus. Eine wichtige Neuerung war die Erfindung des Buchdruckes durch Johannes Gutenberg. Nun mussten Bücher nicht
40   mehr mit der Hand abgeschrieben, sondern konnten gedruckt werden.

Das tägliche Leben wurde stark von der Frömmigkeit der Menschen geprägt. Das Leben mit der Kirche und der sonntägliche, mancherorts auch tägliche Kirchgang gehörten zum Leben dazu.

In diese Zeit hinein wird Martin Luther am 10. November 1483 in der Stadt Eisleben, die am
45   Ostrand des Harzes liegt, geboren. Schon am nächsten Tag, am Martinsfest, wird der Junge getauft und erhält den Namen Martin nach dem Heiligen dieses Tages, Martin von Tours. Martins Eltern, Hans und Margarete, zogen ein Jahr später mit dem kleinen Martin nach Mansfeld um. Sie hatten auch einen Garten, um den sich Martins Mutter kümmerte. Dort findet der Vater Arbeit im Bergbau. Er arbeitet als Bergmann unter Tage.
50   Martin ist das älteste Kind der Familie Luther, aber schon bald werden noch viele andere Kinder in der Familie geboren. Einige sterben leider schon früh, weil es damals noch keine so gute ärztliche Versorgung gab wie heute. Wir wissen außer von Martin noch von seinem Bru-

Warmholz, Karl Salomo: Eisleben, Luthers Geburtshaus, um 1820

der Jakob und von drei Schwestern. Die Eltern erzogen ihre Kinder streng. Damals war es leider üblich, dass die Kinder von ihren Eltern geschlagen wurden. Auch Martin Luther berichtet
55 in seinen Schriften darüber.

Martins Vater war froh, dass er schon bald eine Kupfermine vom Grafen pachten konnte. Mit seiner Arbeit verdiente Martins Vater nun bald mehr als ein Bauer auf seinem Hof. Aus diesem Grund wurde er in der Stadt Mansfeld geachtet und erhielt einen Sitz im Rat der Stadt. Mit dem Geld wollte er seinem begabten Sohn Martin eine gute Schulbildung ermöglichen.
60 Martin sollte es einmal besser haben als er selber es gehabt hatte und nicht im Bergwerk arbeiten müssen. Deshalb schickte der Vater Martin zunächst auf die Lateinschule in Mansfeld.

Aber", unterbrach der Vater von Sabine und Martin seine Erzählung, „von Martins Schulzeit werde ich euch morgen erzählen. Heute ist es schon spät geworden. Jetzt ist es Zeit für die Nachtruhe. Ab ins Bett mit euch. Gute Nacht Sabine! Gute Nacht Martin!"

M2 Martin Luthers Eltern

Die Eltern von Martin Luther, Porträt von Lucas Cranach dem Älteren, 1527

1. Schau dir das Bild von Martin Luthers Eltern genau an und versuche es zu beschreiben. Erzähle von deinen Gedanken, die dir zu den Gesichtern einfallen!

2. Sicher hat das tägliche Leben von Hans und Margarete Luther anders ausgesehen als das tägliche Leben deiner Eltern heute. Überlege einmal, wie das damals gewesen sein könnte!

3. Hast du eine Idee, welche Sorgen sich deine Eltern heute machen und worüber sie sich freuen? Überlege, ob es bei Martin Luthers Eltern ähnlich gewesen sein könnte oder anders.

4. Welche Tätigkeiten verrichten deine Mutter oder dein Vater am Tag? Vergleiche sie mit denen von Martins Eltern!

Überlege dir die Antworten zu den einzelnen Sätzen und trage die Lösungen in das Kammrätsel ein.

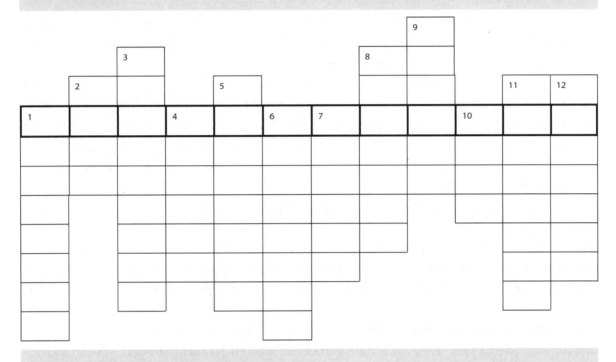

1. In welcher Stadt wuchs Martin Luther auf?

2. Wie heißt der Vater von Martin mit Vornamen?

3. Wie heißt die Mutter von Martin mit Vornamen?

4. Vor wem hatten die Menschen damals große Angst?

5. Wie heißt der Geburtsort von Martin Luther?

6. In welchem Monat wurde Martin geboren?

7. Die Sprache der Gelehrten war … .

8. Am 11. November 1483 war Martins … .

9. Martins Mutter bewirtschaftete einen großen … .

10. Die Stadt Eisleben liegt am Ostrand vom … .

11. Martins Vater war von Beruf … .

12. Das Wasser musste die Familie aus dem … holen.

2. Martin Luther in der Schule

M1 Lesetext

Es war wieder Abend geworden. „Papa, erzählst du uns heute Abend aus der Schulzeit von Martin Luther?" „Ja, das habe ich euch ja versprochen", sagte der Vater. „Ich muss nur eben noch etwas holen." Vater kam mit einer Rute ins Wohnzimmer.

5 „Was soll das jetzt?", fragte Sabine. Vater antwortete: „Damals, zu den Zeiten als Martin Luther in die Schule ging, war es den Lehrern erlaubt, die Kinder durch Schläge zu bestrafen. Die Kinder wurden aber nicht nur geschlagen, wenn sie andere Kinder geärgert hatten, sondern auch, wenn sie ihre Hausaufgaben nicht gemacht hatten, den Unterricht störten oder etwas nicht verstanden. Selbst der fleißige Martin hatte einmal an einem Schultag fünfzehn Rutenschläge bekommen.

10 Ihr habt ja schon gehört, dass es keinesfalls selbstverständlich war, dass die Kinder damals zur Schule gehen durften. Hans Luther hatte bemerkt, dass sein ältester Sohn Martin sehr begabt war. Er wollte diese Begabung fördern und seinem Sohn Martin so den Weg zu einem angesehenen und guten Beruf ebnen. Deshalb sparte er seinen Arbeitslohn aus dem Bergwerk, um das Geld für das Schulgeld seines Sohnes aufwenden zu können. Martins erste

15 Schule war die Lateinschule in Mansfeld.

Als Martin mit fünf oder sechs Jahren in diese Schule kam, war er noch so klein, dass er ab und an sogar den weiten Weg zur Schule von einem älteren Schüler getragen werden musste, weil das Laufen für ihn zu mühsam war. In Luthers Ranzen fanden sich eine zusammenklappbare Wachstafel und ein Griffel, also ein Stift, mit dem man auf der Wachstafel schreiben

20 konnte.

In der Schule von Mansfeld war stures Auswendiglernen lateinischer Verse angesagt. Martin hat sich in der Mansfelder Schule überhaupt nicht wohl gefühlt. Er hatte Angst vor seinem Lehrer, der streng dreinblickend vorne am großen Katheder, ein erhöhter Lehrertisch, saß und die Rute stets drohend in seiner Hand hielt. Jeden Tag kam es vor, dass Schüler geschlagen

25 wurden. Auch Martin wurde geschlagen und darüber machte er sich so seine Gedanken.

Das Klassenzimmer von Martin war karg eingerichtet. Die Schüler saßen eng in ihren Bänken. In der Ecke gleich hinter der Tür stand ein Ofen. Um ihn im Winter anzuzünden, mussten die Schulkinder Feuerholz von zu Hause besorgen. Und damit es Licht im Klassenzimmer gab, mussten die Schüler Kerzen von ihren Eltern mitbringen. Mittags gingen die Kinder zum Essen

30 nach Hause und kamen für den Nachmittagsunterricht noch einmal den mitunter weiten Weg zur Schule. Ein Fahrrad oder gar einen Schulbus gab es ja nicht. Die Kinder waren es damals gewohnt, dass sie viel laufen mussten.

In die Schule gingen vor allem die Jungen, ab und an wurden auch Mädchen zugelassen. Allerdings mussten die Mädchen oft ihren Müttern im Haushalt helfen und nur wenige Väter

35 waren in der damaligen Zeit bereit oder in der Lage, das Schulgeld für ihre Töchter aufzubrin-

gen. Die Mädchen würden ja ohnehin später heiraten und Hausfrau werden. Dazu brauchten sie keine Schulbildung. So dachte man damals. Martin Luther hat das als erwachsener Mensch anders gesehen. Er hat sich für die Einrichtung von Schulen und für die Möglichkeit der Bildung für Jungen und Mädchen eingesetzt.

40   In der Schule gab es damals in der Regel nur eine Klasse, in der die Jungen aus verschiedenen Jahrgangsstufen zusammen bei einem Lehrer lernten. Weil das für den Lehrer oft mühsam war, die jüngeren und die älteren Schüler gleichzeitig zu unterrichten, mussten die älteren Schüler oft den jüngeren Schülern das Schreiben und Lesen beibringen oder sie lateinische Verse abfragen.

45   Der Lehrer achtete streng darauf, dass seine Schüler in der Schule nur lateinisch redeten. Da diese Sprache zu Hause nicht gesprochen wurde, war dies für die Schüler anstrengend. Kirche und Schulhaus lagen damals dicht beieinander und die Schüler lernten Psalmen, vor allem Lieder und die Gebete der Kirche auswendig. Schule bestand damals also überwiegend aus Auswendiglernen. Martin musste das Gelernte dann mit den anderen Schülern im Chor aufsagen.

50   Martin war sehr froh darüber, dass sein Vater ihn bald schon auf eine andere Schule schickte. Zunächst ging Martin für ein Jahr nach Magdeburg und mit 14 Jahren wechselte er dann auf die Lateinschule nach Eisenach. Dort wurden die Schüler nicht geschlagen und Mar-

Eine damalige Lateinschule um 1667

tin ging dort gern zur Schule. In den ersten Jahren musste er bei den reichen Bürgern von Eisenach als Kurendensänger um Almosen für die Schulkost betteln. Eine Kurende ist eine
55 Singgemeinschaft von Schülern, die vor den Türen der reichen Eisenacher Bürger gesungen und dafür Lebensmittel oder Geld bekommen haben. Manch einer von den reichen Stadtbewohnern hat den Sängern aber auch nichts gegeben. Dann mussten die Schüler mitunter Hunger leiden. Später wurde Martin von zwei reichen Eisenacher Familien aufgenommen und gefördert. Er bekam ein Schlaflager und einen Essplatz.
60 Nach Martins Schulzeit war der Vater bereit, für seinen Sohn ein Studium zu bezahlen. Martin wollte gern an die Universität gehen. Damals konnte man an der Universität drei verschiedene Fachrichtungen studieren: Medizin, um Arzt zu werden, Rechtswissenschaft, um über Recht und Unrecht Bescheid zu wissen und bei den Grafen zu arbeiten. Die dritte Möglichkeit war es, Theologie zu studieren. Damit konnte man nicht nur Pfarrer, sondern auch Lehrer wer-
65 den.

Martin sollte es später einmal gut haben und mit seinem Beruf viel Geld verdienen. Deshalb bestimmte der Vater, dass Martin die Rechtswissenschaft studieren sollte. Martin zog also nach Erfurt in ein Wohnheim für Studenten und begann mit dem Studieren. Er war ein fröhlicher Student, der schnell lernte und gute Noten bekam."

Die Schulzeit von Martin Luther – Suchsel

Vervollständige folgende Sätze. Suche dazu die Wörter im Suchsel und kreise sie ein.

Die Wörter stehen von rechts nach links, von oben nach unten oder diagonal.

1. Martins Vater musste für den Schulbesuch von Martin … bezahlen.
2. Der Lehrer hielt oft eine … in der Hand.
3. Die Schüler mussten in der Schule die Sprache … lernen.
4. Martin Luther besuchte zuerst die Schule in … .
5. Zunächst wechselte Martin Luther auf eine Schule in … .
6. Mit 14 Jahren besuchte Martin Luther die Schule in … .
7. In Mansfeld schrieben die Schüler nicht auf Papier, sondern auf … .
8. Als Stift benutzten sie dabei einen … .
9. Der Lehrer saß während des Unterrichts an einem … .

D	O	F	K	T	E	U	I	G	A	W	F	E	Z	R
H	S	J	S	E	H	B	Y	J	L	A	I	U	G	V
N	W	C	C	G	U	K	L	D	J	C	K	N	E	J
K	A	T	H	E	D	E	R	H	T	H	R	D	K	N
T	K	I	Y	U	O	U	J	I	Z	S	A	A	G	G
C	H	D	N	Q	L	M	H	T	N	T	V	L	R	O
L	E	G	J	E	D	G	R	I	F	A	W	U	I	M
R	I	T	C	L	W	H	E	U	N	F	B	G	F	U
E	S	C	H	U	X	T	R	L	I	E	F	M	F	J
I	E	B	K	W	A	G	E	S	D	L	E	T	E	K
H	N	W	V	L	F	U	J	G	R	N	D	F	L	S
W	A	M	D	N	I	W	A	Y	H	F	G	K	M	C
L	C	F	G	E	T	M	I	F	R	U	T	E	J	L
F	H	U	B	K	H	Q	F	C	I	G	O	H	B	N
N	D	I	L	M	A	N	S	F	E	L	D	D	M	E

3. Martin Luther im Kloster

M1 Lesetext

Sabine und Martin warteten schon ungeduldig im Wohnzimmer auf den Vater. Nachdem der Vater sich etwas ausgeruht hatte, setzte er sich zu Martin und Sabine und begann mit dem Erzählen.

„Martin Luther war nun schon seit einigen Jahren Student der Rechtswisscnschaften in
5 Erfurt. Er machte sich also viele Gedanken darüber, was Recht und Unrecht ist. Martin war sehr wissbegierig, aber er genoss auch das fröhliche und ausgelassene Leben als Student. Er musste sich ja noch keine Sorgen um die Ernährung einer eigenen Familie machen. Im Gegenteil, sein Vater unterstützte ihn nach Kräften mit seiner harten Arbeit im Bergwerk. Martin konnte sich sogar die teuren Bücher kaufen, die er zum Studieren brauchte. Die Prüfungen in seinem Stu-
10 dienfach bestand er mit Glanz. Schon bald wurde er Magister der Rechtswissenschaft.

Wahrscheinlich wäre aus Martin ein reicher und angesehener Mann geworden, der ein sorg-loses und glückliches Leben hätte führen können, wenn da nicht jener Tag gewesen wäre. Manchmal gibt es Ereignisse, die mit einem Schlag das ganze Leben verändern. Martins Lebensweg erfuhr im Jahre 1505 eine solche Wendung. Was war passiert?

15 Martin Luther war mitten im Semester plötzlich aufgebrochen, um seine Eltern zu besuchen. Warum Martin Luther sein Studium unterbrach, das weiß man nicht genau. Vielleicht hatte er Angst, weil damals die Pest, das war eine sehr schlimme Krankheit, die Menschen bedrohte.

Damals gab es ja noch keine Eisenbahn, mit der man reisen konnte. Martin war deshalb wie immer zu Fuß unterwegs. Der Ort Mansfeld, wo seine Eltern damals lebten, lag ungefähr 100
20 km nördlich von Erfurt. Ganz schön weit also. Aber er erreichte sein Ziel und war froh, dass es den Eltern gut ging.

Als Martin wieder auf dem Rückweg war, kam er auch an Stotternheim vorbei. In der Nähe dieses Ortes passierte es dann. Martin lief eigentlich ganz froh gestimmt seines Weges und freute sich darauf, seine Mitstudenten in Erfurt wieder zu sehen.

25 Doch dann hörte er aus der Ferne ein Donnern. Das Gewitter kam rasch näher. Weit und breit sah Martin kein Haus, wo er hätte Schutz suchen können. Schon zuckten die Blitze in immer kürzeren Abständen am Himmel. Der Donner wurde bedrohlich laut, sodass Martin sich sehr fürchtete. In seiner Angst dachte er an die Heilige Anna, die Mutter der Heiligen Maria. Die Heilige Anna war die Schutzpatronin der Bergleute. Zu ihr hatten die Eltern immer gebe-
30 tet, wenn sie Angst oder Sorgen hatten. „Hilf, Heilige Anna!", rief Martin jetzt in seiner großen Angst. „Hilf mir bitte, dann will ich ein Mönch werden!" Plötzlich zuckte es ganz grell neben Martin auf. Er fiel zu Boden. Als er wieder zu sich kam, wusste er erst nicht, was eigentlich geschehen war. Dann begriff er nach und nach, dass er auf wundersame Weise vor dem Blitz-schlag gerettet worden war.

35 Nachdenklich und in sich gekehrt lief er den restlichen Weg von Stotternheim nach Erfurt.

Was sollte jetzt werden? Sollte er einfach fröhlich weiter studieren und sein Versprechen vergessen? Oder sollte er sein Versprechen einlösen und ins Kloster gehen? Was würden seine Eltern zu all dem sagen?

Martin dachte zwei Wochen lang nach. Dann entschied er, Mönch zu werden. Er lud seine
40 Freunde zu einem Abschiedsfest ein. Danach durften sie ihn bis zur Klostertür der Augustinereremiten in Erfurt begleiten. Martin hatte sich das strengste Kloster ausgesucht, das es damals in Erfurt gab. Es wurde das schwarze Kloster genannt, weil die Mönche eine schwarze Ordenstracht trugen. In dem Kloster lebten die Mönche in Armut und Stille. Die Augustinereremiten mussten auf jeden Besitz verzichten. Auch eine eigene Familie durften die Mönche nicht grün-
45 den, weil sie das Zölibat, die Ehelosigkeit, geloben mussten. Außerdem, und das war wohl die schwerste Ordensregel, mussten sie auf ihren eigenen Willen verzichten und dem Prior, dem geistlichen Leiter des Ordens, strengen Gehorsam leisten.

Ihr könnt euch vielleicht vorstellen, welche große Veränderung der Gang ins Kloster für das tägliche Leben von Martin bedeutete. Zunächst wird Martin im Juli des Jahres 1505 als Novize
50 in das Kloster aufgenommen. Als Novize wird ein junger Mann bezeichnet, der später einmal Mönch werden möchte. Die Zeit als Novize ist so etwas wie eine Probezeit. In dieser Zeit kann er sich selbst und auch der Prior des Ordens darüber klar werden, ob der Novize für das Ordensleben geeignet ist oder nicht.

Martins Klosterzelle war kalt und karg eingerichtet. An der Wand befand sich ein schmales
55 Bett mit Strohsack. Am kleinen Zellenfenster standen ein Tisch und ein Stuhl. Auf dem Tisch stand ein Krug mit Wasser und an der Wand hing ein Kreuz. Im Kloster wurde viel geschwiegen, denn die Augustinereremiten gehörten zu den Schweigeorden. Martin musste sich erst daran gewöhnen, dass auch beim Essen nicht geredet werden durfte. Zudem mussten die Mönche in der Stadt umherziehen und um Essen betteln. Obwohl Martin schon Magister der
60 Rechtswissenschaften war, musste er wie die anderen Brüder die gemeinschaftlichen Räume des Klosters reinigen und andere niedere Arbeiten verrichten. Die Klosterkutte erinnerte an das Gewand eines Bettlers. Die Haare wurden kurz geschnitten und in der Mitte des Kopfes wurde ein Kreis ganz abrasiert. Das war die sogenannte Tonsur, die alle Mönche hatten.

Martin las in den Stunden, die er einsam und still in seiner Klosterzelle verbringen musste,
65 viel in der Bibel. Sie gab es damals überwiegend nur in der lateinischen Sprache und war längst nicht ein so bekanntes Buch wie heute. Für Martin war dieses Buch so etwas wie eine Neuentdeckung. Oft dachte er über den Sinn und die Bedeutung der einzelnen biblischen Geschichten nach.

Der Tagesablauf der Mönche war streng geregelt. Immer wieder gab es Gebetszeiten, sogar
70 in der Nacht. Einmal in der Woche hatte Martin bei dem Novizenmeister die Beichte abzulegen. In der Beichte dachte er darüber nach, was er falsch gemacht hatte und sprach es aus. Martin nahm die Beichte sehr ernst, deshalb legte er sehr häufig die Beichte ab. Er wollte ein vorbildlicher Novize sein und ein guter Mönch werden.

Martin hatte große Angst vor dem Teufel. Deshalb fastete, betete und beichtete er mehr als
75 die anderen Novizen im Kloster. Er wollte mit seinem Tun und seinen guten Werken Gott gefallen.

Schließlich durfte Martin sein Ordensgelübde ablegen und wurde Mönch. In dem Gelübde versprach Martin Gehorsam, Armut und das Leben im Zölibat. Schon ein halbes Jahr später (1507) wurde er im Erfurter Dom zum Priester geweiht. Nun durfte er selber die Heilige Messe lesen.

Martin studierte fortan wieder, nun aber die Theologie, das heißt in die deutsche Sprache übersetzt, die Lehre von Gott. Martin war eifrig und mit viel Fleiß bei der Sache, sodass er bald sogar ein Doktor der Theologie wurde. Das ist kein Arzt, sondern ein gelehrter Mann.

Martin kannte sich nun vor allem in der Bibel sehr gut aus. Aber er hatte auch viele bedeutende Schriften von berühmten Theologen gelesen und darüber nachgedacht. Darum wurde er bald von seinem Orden zum Lehrer der Theologie bestimmt. Martin Luther hielt an der Universität in Wittenberg vor den Studenten Vorlesungen. Die Universität ernannte ihn im Jahre 1512 zum Professor. Nun war es seine Aufgabe, sich Gedanken über die biblischen Schriften zu machen und die Bibel für die Studierenden auszulegen. In dem Augustinerkloster zu Wittenberg bewohnte er ein Turmzimmer. Dort brannte oft noch bis spät in die Nacht hinein eine Kerze, weil Martin Luther seine Aufgabe sehr ernst nahm und viel in der Bibel arbeitete."

Martin Luther als Mönch

AETHERNA IPSE SVAE MENTIS SIMVLACHRA LVTHERVS
EXPRIMIT·AT VVLTVS CERA LVCAE OCCIDVOS
·M·D·X·X·

Martin Luther als Mönch, von Lucas Cranach dem Älteren, 1520

Schau dir das Bild an und beschreibe, wie ein Mönch damals aussah.

_____

_____

_____

_____

M3 Martin Luther im Kloster – Kammrätsel

Vervollständige die unten stehenden Sätze. Trage die Lösungen in das Kammrätsel ein.

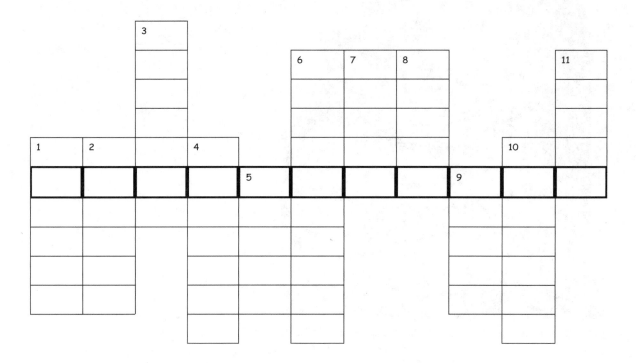

1. Als Martin Luther in das Kloster eintrat, war er zunächst ein N… .
2. Das Augustinereremitenkloster war in der Stadt … .
3. Nach seiner Zeit als Novize legte Martin Luther ein … ab.
4. Im Kloster legte Martin Luther sehr oft die …. ab.
5. Die regelmäßigen Gebetszeiten fanden auch in der … statt.
6. Martin Luther trat in den Orden der …. ein.
7. Der Leiter eines Klosters wurde … genannt.
8. Martin Luther trug als Ordensgewand eine ….. .
9. Tag und Nacht wurden vom … bestimmt.
10. Ihren Lebensunterhalt verdienten sich die Mönche durch Arbeit und durch ….. .
11. Martin Luther las während der Schweigezeiten im Kloster viel in der… .

4. Martin Luther und die Reformation

Lesetext

An einem Herbsttag hatten Martin und Sabine schulfrei, denn es war der 31. Oktober, der Reformationstag. Alle Kinder, die in Thüringen wohnen, haben schulfrei, weil dieser Tag dort ein Feiertag ist. Auch die Eltern mussten nicht zur Arbeit gehen. So hatte der Vater schon am Nachmittag Zeit für Sabine und Martin. Gemeinsam machten sie es sich im Wohnzimmer
5 gemütlich. Vater begann zu erzählen:

„Martin Luther lebte nun schon mehrere Jahre als Mönch und als Professor im Kloster. Er beschäftigte sich viel mit der Bibel. Die meisten Menschen kannten damals die Bibeltexte gar nicht. Viele Leute konnten nicht einmal lesen und erst recht kein Latein verstehen. Die Bibel war damals fast nur in der lateinischen Sprache zugänglich. Deshalb mussten die Leute den
10 Priestern das glauben, was sie ihnen erzählten. Das nutzten einige Priester und sogar einige Bischöfe und Kardinäle aus, um von den Menschen Geld zu bekommen. Eigentlich hatten ja die Kirchenoberen innerhalb der Kirche die Verantwortung für die richtige Auslegung und Deutung der Bibel. Aber das Geld schien vielen wichtiger zu sein als die Wahrheit.

Da Martin Luther jeden Tag eifrig in der Bibel las, merkte er sehr bald, dass etwas mit der Kir-
15 che ganz und gar nicht in Ordnung war. Das, was die Kirche den Menschen erzählte, stimmte ganz offensichtlich nicht mit den Texten der Bibel überein, sondern widersprach den Texten sogar.

Martin Luther merkte, dass das einfache Volk von der Kirche betrogen wurde. Darüber ärgerte er sich sehr. Er wurde sogar richtig zornig, als er herausfand, dass hinter der ganzen
20 Betrügerei auch der Papst stand. Der Papst ist der mächtigste Mann in der katholischen Kirche. Klar, dass Martin darüber zornig wurde, dass so ein wichtiger Mann damals einfach die Unwahrheit sagte.

Martin waren nämlich die Geschichten, Sprüche und Lehrtexte, die in der Bibel überliefert waren, ganz wichtig. Was aber bedeuten die Texte der Heiligen Schrift? – Das war die Frage,
25 die ihn umtrieb.

Als Lehrer der Theologie war er verantwortlich dafür, die Wahrheit herauszufinden und dann auch laut zu sagen. Deshalb konnte er nicht länger tatenlos zuschauen, wie Bischöfe und Priester den Menschen Lügen aufschwatzten. Sogenannte Ablassbriefe wurden massenweise an die Menschen verkauft. Die Menschen glaubten dem Versprechen der Ablassspredi-
30 ger. Sie dachten, dass sie mit Geld ihre verstorbenen Angehörigen aus den Qualen des Fegefeuers erretten könnten.

Damals lehrte die Kirche, dass der Mensch nach seinem Tod zunächst ins Fegefeuer kommen würde. Erst danach würde die Entscheidung darüber fallen, ob ein Verstorbener in den Himmel oder in die Hölle käme. Deswegen müssten die Menschen sich entschuldigen und mit
35 Ablassbriefen Buße tun. Die umhergehende Pest, eine schlimme Krankheit, die sehr anste-

ckend war und vielen einen qualvollen Tod brachte, machte den Menschen zusätzlich große Angst.

Martin sah, dass diese Situation von der Kirche ausgenutzt wurde. Anstatt den Menschen in ihrer Not beizustehen, zog sie ihnen das wenige Geld aus der Tasche, das die Menschen damals zum Leben hatten. Es wird erzählt, dass Martin Luther daraufhin 95 Thesen, also 95 wichtige Sätze, aufgeschrieben habe, die er der Erzählung nach am 31. Oktober des Jahres 1517 an die Schlosskirche von Wittenberg genagelt habe. Die Thesen von Martin Luther sind später sehr bekannt geworden und auch ihr könnt sie heute noch nachlesen.

Martin wollte mit seinen Thesen die Gelehrten der Kirche zur Diskussion, Disputation genannt, herausfordern. Der eifrige Mönch und Professor der Theologie wollte damals eigentlich nicht eine Reformation in Gang setzen, aber er wollte mit aller Kraft die Missstände in der katholischen Kirche anprangern und aus dem Weg schaffen. Warum? Weil ihm die Kirche, die Bibel und der Glaube an Gott ganz wichtig waren. Seine Überzeugung war: ‚Der Gerechte wird aus Glauben leben.' Deshalb sandte Martin Luther seine 95 Thesen mit einer Erklärung seiner Protestaktion auch an den Erzbischof Albrecht von Mainz. In dem Brief schrieb Luther: „Christus hat nirgends befohlen, den Ablass zu predigen. Aber das Evangelium zu predigen, hat er nachdrücklich befohlen".

Niemand von den Gelehrten der Universität Wittenberg wollte mit Martin Luther über seine Thesen diskutieren und so geschah erst einmal gar nichts. Martin Luther war enttäuscht. Aber dann verbreitete es sich plötzlich wie ein Lauffeuer durch das ganze Land, dass da in Wittenberg ein Doktor der Theologie sei, der endlich mal den Mut habe, die Wahrheit zu sagen. Was war passiert? Martin Luthers Thesen waren heimlich verbreitet worden. Jemand hatte die Thesen sogar aus der lateinischen Sprache in die deutsche Sprache übersetzt.

Martin Luther war fortan im ganzen Land ein bekannter und gefragter Mann. Jetzt konnte er sich nicht mehr hinter seine Klostermauern zurückziehen. Er war hineingeraten in einen Strudel, der Deutschland einmal zur Reformation und damit zu der Gründung einer neuen Kirche führen würde. Viele Menschen unterstützten das Anliegen von Martin Luther, so zum Beispiel der Maler und Buchverleger Lukas Cranach und der Kurfürst von Sachsen, Friedrich der Weise.

Aber natürlich hatte Martin Luther sich auf diese Weise auch Feinde gemacht. Viele mächtige Männer aus der Kirche, mit denen er ja eigentlich nur diskutieren wollte, verachteten ihn und versuchten, ihm zu schaden. Sie ärgerten sich darüber, dass dieser Mönch ihnen das Geldgeschäft mit dem Ablass verdorben hatte. Auch der Papst ärgerte sich über ihn, weil er mit dem Ablassgeld die Peterskirche in Rom hatte bauen wollen. Vor allem erregte sich der Papst wohl über die 86. These von Martin Luther. Da heißt es: „Warum baut der Papst, der doch reicher ist als der reichste König, die eine Peterskirche nicht mit seinem eigenen Geld, statt mit dem Geld der armen Gläubigen?"

Niemand hatte sich zuvor getraut, so offen die Missstände der Kirche anzuprangern. Der damalige Papst Leo X. bestellte Martin Luther nach Rom zur Gerichtsverhandlung. Dort wäre er sicher als Ketzer, also als Verräter, verurteilt und verbrannt worden. Aber zum Glück kam es nicht so weit. Friedrich der Weise, der damalige Kurfürst von Sachsen, beschützte Martin Luther. Er erreichte, dass Luther nicht nach Rom reisen musste.

Luther sollte jedoch von dem päpstlichen Gesandten, Kardinal Cajetan, beim Reichstag von Augsburg im Jahre 1518 verhört werden. In Augsburg forderte der Kardinal Martin Luther auf,
80 seine Thesen zu widerrufen, also zurückzunehmen. Martin Luther aber war davon überzeugt, dass er in seinen Thesen die Wahrheit geschrieben habe. Deshalb war er nicht bereit, seine Schriften zu widerrufen. Er sagte dem Kardinal: „Ihr müsst mir den Irrtum – wenn es einen gibt – aus der Bibel nachweisen. Dann will ich widerrufen. Sonst gibt es nur eins: Die Heilige Schrift steht am höchsten. Nicht der Papst!" Der Kardinal konnte aber nicht aus der Bibel nachweisen,
85 dass Luther mit seinen Thesen Unrecht hatte. Deshalb wurde er sehr böse und Martin Luther musste aus Augsburg fliehen. Soweit für heute", sagte Vater. „Gleich werden Oma und Opa zu Besuch kommen. Da sollten wir jetzt mal gemeinsam den Kaffeetisch decken. Und ihr wisst jetzt, dass wir den Reformationstag jedes Jahr am 31.Oktober feiern, weil da Martin Luther seine 95 Thesen veröffentlicht hat. Ob es nun historisch stimmt oder nicht, dass Martin Luther
90 sie an die Schlosskirche von Wittenberg geschlagen hat, ist eigentlich egal. Die Thesen haben den Sturm der Reformation in Gang gesetzt und das war wichtig. Denn so werden wir auch heute noch daran erinnert, dass es in erster Linie um die Frage nach der Wahrheit gehen muss. Das war Martin Luther ganz wichtig und deshalb musste er so manches Abenteuer in seinem Leben bestehen."

M2 Luthers Thesenanschlag

Hugo Vogel, Luthers Thesenanschlag an der Schlosskirche zu Wittenberg am 31.10.1517. Das Gemälde zeigt, wie man sich Ende des 19. Jahrhunderts den Beginn der Reformation vorstellte. © akg-images/

Stell dir vor, du bist Martin Luther. Schreibe auf, was dich an der Kirche stört und was du ändern möchtest.

_____

_____

_____

© 2011, Vandenhoeck & Ruprecht GmbH & Co. KG, Göttingen / www.v-r.de

Vervollständige die Sätze. Trage die Lösungen in das Kreuzworträtsel ein.

1. Martin Luther ging es vor allem um die Frage nach der … .
2. Die Menschen glaubten, mit dem Kauf von Ablassbriefen … tun zu müssen.
3. Die Menschen hatten Angst vor dem … .. .
4. Eine Unterredung der Gelehrten nennt man auch … .. .
5. Martin Luther schlug die Thesen an die Tür der … von Wittenberg.
6. Er schickte die Thesen an den Erzbischof Albrecht von … .. .
7. Die Kirche verkaufte den Menschen … zur Vergebung der Sünden.
8. Als Protest gegen den Ablasshandel schrieb Luther 95 … . .
9. Martin Luther berief sich dabei auf die … .
10. Luther wollte eine … (Verbesserung) der Kirche.
11. Der Gerechte wird aus … leben.

Bilde nun aus den grau hinterlegten Buchstaben das Lösungswort!

5. Martin Luther in Worms

M1 Lesetext

Sabines und Martins Eltern hatten den Kindern einen Ausflug zur Wartburg in der Nähe von Eisenach versprochen. Auf dem Weg zur Burg bat Martin seinen Vater, weiter von Martin Luther zu erzählen.

„Na, dann hört zu: Die 95 Thesen von Martin Luther haben in Deutschland einen Sturm
5 ausgelöst. Martin Luther hatte anscheinend genau das ausgesprochen, was viele Menschen damals dachten. Die Kirchenoberen fanden die Thesen jedoch gar nicht gut. Schließlich verdienten sie gutes Geld mit dem Verkauf von Ablassbriefen. Die Menschen bezahlten Geld für die Vergebung ihrer Sünden oder der Sünden ihrer bereits verstorbenen Familienmitglieder. So versuchten die Menschen, sich selbst oder anderen einen Platz im Himmel zu erkau-
10 fen. Luther hatte viele Streitgespräche mit den Kirchenoberen geführt. Immer wieder hatte er deutlich gemacht, dass man sich die Vergebung der Sünden nicht mit Geld erkaufen könne, sondern dass der Mensch Gott um Vergebung bitten müsse. Denn nur Gott allein könne den Menschen ihre Schuld vergeben und sie so gerecht sprechen. Dazu bedürfe es nicht der Vermittlung durch die Kirche. Der einzelne Mensch stehe vielmehr unmittelbar
15 Gott gegenüber und dürfe Gott als Vater ansprechen. Die berühmte Idee von Martin Luther lautet ja: Der Gerechte wird aus Glauben leben. Mit diesem Satz ist gemeint, dass der Mensch daran glauben darf, dass Gott ihm seine Sünden, also seine bösen Taten, vergeben wird, wenn er seine Taten bereut, sich dafür entschuldigt, sich überlegt, wie er das nächste Mal anders handeln kann, und Gott um Vergebung bittet. Eigentlich kann man das auch so
20 in der Bibel nachlesen, zum Beispiel in der Geschichte von Jesus und dem Zöllner Zachäus. Aber selbst der Papst wollte davon nichts wissen. Vielmehr war er sogar wütend auf Martin Luther. Der Papst wollte seine eigenen Worte und Kirchengesetze nicht an der Wahrheit der Bibel messen lassen. Deshalb verhängte Papst Leo X. im Jahre 1521 gegen Martin Luther den Kirchenbann. Das war in der damaligen Zeit eine ganz schlimme Strafe. Denn mit dem
25 Kirchenbann war man aus der Gemeinschaft der katholischen Kirche ausgeschlossen. Da aber damals fast alle Menschen in Deutschland Christen waren und es nur die eine katholische Kirche gab, wurde Martin Luther mit dem Kirchenbann im Grunde aus der menschlichen Gemeinschaft ausgeschlossen. Das war schlimm, aber noch schlimmer war das für einen Priester und Mönch, dem die Kirche ganz wichtig war. Dennoch: Martin Luther stand
30 auch weiterhin zu seinen Thesen und zu den anderen Schriften, die er inzwischen geschrieben hatte. Eine auch heute noch berühmte Schrift von Martin Luther heißt: ‚Die Freiheit eines Christenmenschen'. Darin hat Luther davon geschrieben, dass jeder Mensch aufgrund der freien Gnade Gottes von Gott angenommen und geliebt wird, ganz egal wie er aussieht, was er anhat oder was für ein Mensch er ist. Der Mensch muss nicht erst tausend Bedingun-
35 gen erfüllen, um von Gott angenommen zu werden. Der Weg geht vielmehr umgekehrt:

Weil der Mensch von Gott geliebt wird, wie er ist, deshalb darf er sich auch wie ein Christ benehmen und den anderen Menschen neben ihm auch annehmen, wie er ist. Das klingt alles ganz einfach, ist aber manchmal ganz schön schwer.

Aber jetzt zurück zu den damaligen Ereignissen in Deutschland. Im Jahre 1519 hatte das
40 Heilige Römische Reich Deutscher Nation einen neuen Kaiser bekommen. Er hieß Karl V. Dieser Kaiser war nicht gut auf Martin Luther zu sprechen. Martin Luther hatte aber auch Freunde und Fürsprecher, die sich sehr für ihn einsetzten. Einer davon war der sächsische Kurfürst Friedrich der Weise. Er sorgte dafür, dass Kaiser Karl V. den Augustinermönch Martin Luther zum Reichstag nach Worms einlud, damit er dort seine Ansichten verteidigen konnte.

45 Auf dem Reichstag waren die Vertreter der Städte, die Fürsten, die Bischöfe und der Kaiser zusammengekommen. Auf einem Tisch lagen die Schriften von Martin Luther. Er wurde aufgefordert, seine Schriften zu widerrufen, sie zurückzunehmen. Dabei hatte Martin Luther gehofft, man würde mit ihm über seine Schriften fair diskutieren. Diese Hoffnung wurde enttäuscht. Deshalb wusste er nicht so genau, was er antworten sollte. Er bat um einen Tag Bedenkzeit.
50 Diese Zeit wurde ihm gewährt. Am nächsten Tag wurde er wieder zum Reichstag gerufen. Martin Luther wurde erneut aufgefordert, seine Schriften zu widerrufen. Doch Martin Luther war überzeugt von der Wahrheit seiner Schriften. Deshalb antwortete er: „Wenn ich nicht mit Zeugnissen der Schrift oder mit offenen Vernunftgründen besiegt werde, so bleibt mein Gewissen gefangen in Gottes Wort. Denn ich glaube weder den Konzilien noch dem Papst,
55 weil es offenkundig ist, dass sie öfter geirrt und sich selbst widersprochen haben. Widerrufen kann und will ich nicht, weil es weder sicher noch geraten ist, etwas gegen sein Gewissen zu tun. Gott helfe mir. Amen." In den nächsten zehn Tagen wurde Martin Luther immer wieder vor den Reichtag geladen und zum Widerruf seiner Schriften aufgefordert. Aber Luther widerrief seine Schriften nicht. Am 28. April 1521 reiste Luther von Worms ab. Kaiser Karl V.
60 gewährte ihm freies Geleit, aber dann verhängte er mit dem sogenannten Wormser Edikt die Reichsacht gegen Martin Luther. Darin stand geschrieben: „Keine Ketzerei soll im Römischen Reich unseren Glauben verunreinigen. Darum ist allen Deutschen bei Pflicht gegen Kaiser und Reich hiermit geboten: Beherbergt den Martin Luther nicht! Speist und tränkt ihn nicht! Schützt ihn nicht offen und nicht heimlich! Nehmt ihn gefangen und liefert ihn aus!" Damit
65 war Martin Luther vogelfrei, das heißt, jeder konnte ihn gefangen nehmen und ausliefern. Eine äußerst gefährliche Situation für ihn. Denn vermutlich wäre er dann als Ketzer auf dem Scheiterhaufen verbrannt worden.

Friedrich der Weise sorgte deshalb dafür, dass Martin Luther auf der Wartburg in Sicherheit gebracht wurde. Die Rückreise von Worms wurde für die Vortäuschung einer Entführung
70 genutzt. Auf diese Weise konnte das Leben von Martin Luther geschützt werden."

M2 Martin Luthers Entdeckung

Schneide die einzelnen Teile aus und füge das Bild richtig zusammen. Dann klebe das Bild auf ein Blatt.

Martin Luther beim Reichstag zu Worms – Silbenrätsel

Vervollständige folgende Sätze.

Benutze dafür die untenstehenden Silben. Streiche die Silben durch, die du benutzt hast.

1. Papst _____ strafte Martin Luther mit dem _____.

2. Martin Luther schrieb ein Buch über die _____ eines Christenmenschen.

3. Karl V. war zu Martin Luthers Zeiten der _____ von Deutschland.

4. Friedrich der Weise war _____ von Sachsen.

5. Martin Luther fuhr im April 1521 zum Reichstag nach _____.

6. Martin Luther widerrief seine Schriften auf dem Reichstag zu Worms nicht,

   weil er dies mit seinem _____ nicht vereinbaren konnte.

7. Karl V. strafte Martin Luther mit der _____.

8. Martin Luther war durch diese Strafe _____.

ACHT – BANN – CHEN – FREI – FREI – FÜRST – GE – GEL – HEIT – KAI – KIR – KUR – LEO – REICHS – SEN – SER – VO – WIS – WORMS

6. Martin Luther auf der Wartburg

M1 Lesetext

Sabine, Martin und ihre Eltern besichtigten die Wartburg in Eisenach in der Martin Luther eine Zeit lang gelebt hat. „Vater", bat Martin, „erzähle uns doch, wie es weitergegangen ist, nachdem Martin Luther auf seiner Rückreise von Worms entführt worden ist!"

5 „Bewaffnete Reiter hatten die aus Worms kommende Kutsche im Glasbachgrund bei Altenstein angehalten und Martin Luther gefangen genommen. Im Schutz der Dunkelheit der Nacht brachten sie ihn auf verschlungenen Wegen heimlich auf die Wartburg. Keiner sollte wissen, an welchen Ort Martin Luther gebracht wurde.

Man führte Martin Luther in zwei abgelegene Kammern, die wiederum nur über eine Zugstiege zu erreichen waren. Hier musste er seine Mönchskutte ablegen und die für ihn vorberei-
10 tete Kleidung, ein Reitergewand, anziehen. In den nächsten Wochen durfte er sich nicht die Haare schneiden. Außerdem musste er sich einen Bart wachsen lassen. Aus dem Mönchsbruder Martin sollte der Tarnung halber nun ein Bewohner der Wartburg werden, der fortan mit dem Decknamen Junker Jörg gerufen werden sollte. Im Land ging währenddessen das Gerücht um, Martin Luther sei auf geheimnisvolle Weise verschollen. Nur ganz wenige einge-
15 weihte Menschen wussten, wer dieser Junker Jörg auf der Wartburg in Wirklichkeit war. Auf diese Weise wurde Martin Luther vermutlich vor der drohenden Todesstrafe bewahrt.

Der Burgherr meinte es gut mit Martin Luther und ließ ihm köstliche Speisen aus der Burgküche bringen. Dem Schutzbefohlenen sollte es an nichts fehlen. Denn schließlich stand Martin Luther unter dem Schutz des Landesherrn, Friedrich des Weisen. Trotzdem fühlte sich Mar-
20 tin Luther nicht wohl auf der Wartburg. Zweifel plagten ihn, ob er in seinem bisherigen Leben alles richtig gemacht habe. Mit seiner Kritik an den Ablassbriefen hatte er ein Feuer entfacht, das nun nicht mehr aufzuhalten war. Immer weiter breitete sich die neue Lehre im Land aus. Martin Luther hatte auch das Buch über die Freiheit eines Christenmenschen geschrieben. Dieses Buch verstanden manche Leute falsch. Sie meinten, dass man fortan auf jede Ordnung
25 verzichten könnte. Das löste Unfrieden im Land aus. Die armen Leute begannen, sich gegen ihre Unterdrückung auch mit dem Einsatz von Gewalt zu wehren. Doch war Gewalt wirklich die richtige Lösung in der schwierigen Situation des Bauernstandes?

Martin Luther grübelte darüber viel nach. Er fühlte sich einsam auf der Wartburg. Manchmal hatte er das Gefühl, dass ihm der Teufel übel mitspielte. So wird die Geschichte erzählt, dass
30 Martin Luther einmal sogar mit einem Tintenfass nach dem Teufel geworfen haben soll.

Luther fühlte sich gefangen auf der Wartburg. Das gewohnte Leben im Kloster und die damit verbundene tägliche Arbeit fehlten ihm. In seiner Not suchte er einen Ausweg in der geistigen Arbeit. Er schrieb mit einer Gänsefeder Briefe und insgesamt 13 Bücher. Zudem begann er, das Neue Testament in die deutsche Sprache zu übersetzen. Martin Luther wollte,
35 dass jeder Christenmensch die Möglichkeit haben sollte, die Bibel zu lesen.

© 2011, Vandenhoeck & Ruprecht GmbH & Co. KG, Göttingen / www.v-r.de

Deshalb hat er sich später auch für die Schulen eingesetzt. Ihm war es wichtig, dass alle Jungen und Mädchen Lesen und Schreiben lernen sollten.

Luther wollte, dass die Menschen über das Christentum Bescheid wissen und die Bibel lesen können. Dann würden die Menschen selbst beurteilen können, was es mit den Ablassbriefen
40 auf sich hat. Deshalb übersetzte Martin Luther mit viel Fleiß auf der Wartburg das Neue Testament aus der griechischen Sprache ins Deutsche. Die Gelehrten, die die einzelnen Texte des Neuen Testamentes aufgeschrieben hatten, haben damals die griechische Sprache gesprochen. Martin Luther war es wichtig, die Bibel möglichst genau zu übersetzen und gute sprachliche Formulierungen zu finden, die auch der einfache Mann verstehen würde. Martin Luther
45 schaffte es tatsächlich, eine für das gesamte deutsche Volk verständliche Sprache zu finden. In nur elf Monaten war seine Übersetzung fertig. Nachdem sie von dem Gelehrten Philipp Melanchthon noch einmal überarbeitet worden war, konnte sie gedruckt werden. Diese Bibel wurde als „Septembertestament" bald in ganz Deutschland bekannt. Dank der Erfindung des Buchdruckes konnten fast eine Millionen Bibeln angefertigt werden. Das Neue Testament trug
50 als Volksbuch mit zu der Entstehung einer einheitlichen deutschen Sprache bei.

Als Martin Luther mit der Übersetzung des Neuen Testamentes fertig war, hörte er mehr und mehr von den zunehmenden Unruhen im Land. In Wittenberg hatte eine Horde aufgebrachter Menschen die Kirchen gestürmt und Heiligenbilder zerstört. Martin Luther fühlte sich falsch verstanden. Er wollte die Bibel richtig auslegen.
55 Auch Kurfürst Friedrich der Weise hatte Martin Luther einen Brief zustellen lassen. In diesem Schreiben teilte der Kurfürst seine Besorgnis über die Zustände im Land und vor allem in Wittenberg mit. Martin Luther wusste, dass er nicht länger auf der Wartburg bleiben konnte. Er wollte nicht untätig zusehen, wie die Menschen seine Worte für die Rechtfertigung von Gewalt benutzten. Er wollte eine friedliche Reform.
60 Deshalb nutzte er die Zeit der Fastnacht und ritt verkleidet und unerkannt in die etwa 200 Kilometer entfernte Stadt Wittenberg. Dem Kurfürsten teilte er in einem Brief mit, dass er nicht länger bereit sei, sich in der Wartburg von den Geschehnissen im Land zurückzuziehen. Er müsse nun handeln. Zur Entlastung des Kurfürsten verzichtete er auf dessen weiteren Schutz und vertraute sich mutig allein dem Schutz Gottes an. In Wittenberg bestieg Martin Luther
65 fortan jeden Tag die Predigtkanzel der Kirche und legte den Zuhörern in einer Ansprache die Bibel aus. Die Menschen kamen in Scharen, um Luthers Predigten zu hören. Die Kirche war jeden Tag völlig überfüllt und selbst vor der Türe standen Menschen beisammen."

Hier unterbrach der Vater seine Erzählung. Martin und Sabine standen noch immer in der Lutherstube der Wartburg. Sabine und Martin konnten gut nachempfinden, dass Luther nach
70 dem langen Aufenthalt in seinem Versteck eines Tages entschied, dass die Welt da draußen ihn braucht und er die Sicherheit der Burg verlassen muss.

M2 Martin Luther auf der Wartburg – Fragen rund um die Wartburg

© Karola Koerrenz

Überlege gemeinsam mit deinem Banknachbarn die richtigen Antworten auf folgende Fragen und schreibe sie auf.

1) Die Wartburg befindet sich oberhalb welcher Stadt?

2) Wer war verantwortlich dafür, dass Martin Luther auf die Wartburg gebracht worden ist?

3) Warum wurde Martin Luther auf der Wartburg versteckt?

4) Warum übersetzte Martin Luther auf der Wartburg das Neue Testament aus der griechischen Sprache in die deutsche Sprache?

5) Warum wurde Martin Luthers Bibelübersetzung Septembertestament genannt?

6) Warum verließ Martin Luther im Jahre 1522 den Schutz der Wartburg und kehrte nach Wittenberg zurück?

7) Welche Bedeutung hat die Wartburg noch heute?

© 2011, Vandenhoeck & Ruprecht GmbH & Co. KG, Göttingen / www.v-r.de

7. Martin Luther als Familienvater

Lesetext

Heute würde der Vater die letzte Geschichte aus dem Leben von Martin Luther erzählen. Ganz gespannt hörten Sabine und Martin zu, als Vater zu erzählen begann.

„Martin Luther war also von der Wartburg nach Wittenberg zurückgekehrt. Vieles hatte sich verändert in seiner Abwesenheit. Aber es gab noch das Turmzimmer im Augustinerkloster, in
5 dem er früher gelebt hatte. Hier zog er wieder ein, auch ließ er sich seine Haare wieder mit einer Mönchstonsur kurz schneiden und er zog seine alte Mönchskutte an. Jeden Tag predigte er in der Kirche und er lehrte wieder Theologie an der Universität. Der Kurfürst Friedrich der Weise sorgte dafür, dass Luther ein regelmäßiges Gehalt ausbezahlt bekam. Denn Martin Luther nahm kein Geld für den Verkauf seiner Schriften an und ebenso wollte er keine Bezah-
10 lung von den Studierenden, die er unterrichtete. Er lebte ein recht bescheidenes Leben in Wittenberg. Viele seiner ehemaligen Klosterbrüder hatten die neu gewonnene Freiheit des reformatorischen Aufbruchs genutzt und geheiratet. Martin Luther fragte sich mitunter, welchen Lauf sein Leben wohl nehmen würde.

Da ereignete es sich, dass zwölf Nonnen aus dem Zisterzienserkloster Nimschen bei Leipzig
15 aus ihrem Kloster geflohen waren und im Jahre 1523 nach Wittenberg kamen. Sie hatten ihre Ordenstracht abgelegt und wollten fortan ein Leben außerhalb des Klosters führen. Einige konnten in ihren Familien unterkommen, andere fanden Ehemänner und gründeten eine eigene Familie. Nur Katharina von Bora, die aus einem verarmten sächsischen Adelsgeschlecht stammte und schon im Alter von 16 Jahren ins Kloster geschickt worden war, blieb übrig. Des-
20 halb nahm sie zunächst eine Arbeit als Dienstbotin im Haus des berühmten Malers und Buchdruckers Lukas Cranach an. Martin Luther und Lukas Cranach waren befreundet. So lernten sich Martin Luther und Katharina von Bora kennen und heirateten schließlich im Jahre 1525 in der Schlosskirche von Wittenberg. Der Kurfürst schenkte den Brautleuten das Augustinerkloster als Wohnhaus. Hier lebte die Familie Luther etwas mehr als zwanzig Jahre bis zum Tode
25 Martin Luthers. Das Haus der Familie Luther war ein offenes Haus mit vielen Gästen von nah und fern. Martin Luther pflegte bei Tisch gelehrte Gespräche mit seinen Gästen und seinen Studenten zu führen. Diese Gespräche wurden sogar aufgeschrieben und sind heute noch als Buch unter dem Titel „Martin Luthers Tischreden" bekannt.

Katharina von Bora sorgte, unterstützt von Dienstboten, für den großen Haushalt, für den
30 Garten und für die Tiere. Martin Luther war nun Familienvater. Er nannte die Ehe ein Geschenk Gottes und Kinder waren für ihn eine besondere Freude. Sechs Kinder wurden dem Ehepaar geschenkt. Zwei Mädchen verstarben zum großen Kummer der Eltern schon früh. Drei Söhne, Johannes, Martin und Paul und eine Tochter mit Namen Margarete wuchsen im Hause Luther auf. Aber auch Kinder aus der Verwandtschaft, deren Eltern durch Krankheiten früh verstorben
35 waren, wurden aufgenommen und liebevoll erzogen. Fröhliche Feste wurden im Hause Luther

gefeiert. Gerne wurde auch musiziert und miteinander gesungen. Für das Weihnachtsfest schrieb Martin Luther das Lied: „Vom Himmel hoch, da komm ich her".

Wichtig war dem Vater, dass die Kinder eine gute Schulbildung erhalten sollten. Deshalb wurden die Kinder zunächst privat unterrichtet und dann auf eine Schule geschickt. Auch ein
40 Musikinstrument durften sie erlernen. Die Familie Luther erlebte aber nicht nur fröhliche Tage, sondern auch Krankheiten und Todesfälle hatten sie miteinander zu überstehen. Doch in allem half ihnen der Glaube, den Martin Luther als Hausvater überzeugend vorlebte. Gott wird sorgen. Darauf vertraute Martin Luther ganz fest.

Martin Luther ist nach einem aufregenden Leben am 18.2.1546 in seiner Geburtsstadt Eisle-
45 ben verstorben. Dorthin war er zurückgekert, um einen Erbstreit der Mansfelder Grafen zu schlichten. Nach seinem Tod wurde er in der Wittenberger Schlosskirche beigesetzt. Hier ist die Grabplatte von Martin Luther noch heute zu besichtigen. Die Stadt Wittenberg wird heute

Martin Luther und seine Frau Katharina von Bora, von Lucas Cranach dem Älteren, 1526

zur Erinnerung an Martin Luther auch Lutherstadt Wittenberg genannt. Martin Luther ist nahezu in der ganzen Welt bekannt. Die lutherische Kirche gibt es nicht nur in Deutschland,
50 sondern in vielen Ländern der Erde.

Im Lutherischen Weltbund haben sich 140 Mitgliedskirchen aus 78 verschiedenen Ländern zusammengeschlossen. Der Lutherische Weltbund hat seinen Sitz in Genf (Schweiz) und möchte heute vor allem der Einheit der Christenheit in der Welt dienen, aber auch der Versöhnung der Menschen insgesamt und dem Frieden in der Welt.

55 Im Rückblick auf sein Leben wusste Martin Luther, dass er nicht immer alles richtig gemacht hatte. Er war ein Mensch mit Stärken und Schwächen. Deshalb hat er sich selbst immer auch als einen ganz normalen Menschen gesehen. Martin Luther wollte nicht besonders verehrt werden oder hoch angesehen sein. Selbst in der Todesstunde war Martin Luther bewusst, dass auch er ein Sünder ist, der immer wieder neu der Vergebung Gottes bedarf. Auch hier hatte er
60 die Glaubenskraft, auf Gott zu vertrauen. Martin Luthers Freund Justus Jonas hat in einem Brief die Sterbestunde des Reformators geschildert: Nach einem längeren Gebet an seinen ‚lieben Heiland und Erlöser' hat Luther dreimal lateinisch die Formel gesprochen: ‚In deine Hände befehle ich meinen Geist! Du hast mich erlöst, o Gott der Wahrheit.' Auf einen Zettel, den man in seinem Sterbebett fand, hatte sich Martin Luther eine letzte Botschaft notiert: ‚Wir sind Bett-
65 ler. Das ist wahr'."

M2 Martin Luther als Familienvater
– Lückentext –

Martin Luther heiratete im Jahre 1525 die ehemalige _____ Katharina

von Bora. Sie wohnten in dem ehemaligen Augustinerkloster in der Stadt _____.

Martin Luther lehrte _____ an der _____.

Die Eheleute bekamen sechs _____.

Es lebten aber auch noch andere Menschen aus der Verwandtschaft und _____

im Hause Luther. Die Familie Luther bekam oft _____. Berühmt wur-

den Martin Luthers Gespräche bei Tisch, die sogenannten _____.

Das sind gelehrte _____, die Martin Luther mit seinen Gästen führte.

Martin Luther starb im Jahre 1546 in der Stadt _____.

Seine letzte Botschaft bestand in dem Satz:

„Wir sind _____, das ist wahr."

Setze die richtigen Wörter in den Lückentext.

Bekanntschaft, Besuch, Bettler, Eisleben, Gespräche, Kinder, Nonne, Theologie, Tischreden, Universität, Wittenberg

***Aufgabe:
Überlege dir, was Martin Luther uns mit seinem letzten Satz sagen wollte und schreibe deine Gedanken dazu auf.

8. Die Lutherrose

Lesetext

Die Lutherrose ist das Familienwappen der Familie Luther. Die Farben und die Symbole in diesem Wappen haben eine wichtige Bedeutung. Sie sind eine Kurzzusammenfassung von dem, was Martin Luther in seinem Leben und Denken wichtig war.

5   In der Mitte des Wappens steht ein *schwarzes* Kreuz. Die Farbe schwarz steht für Trauer und Tod. Menschen, die zu einer Beerdigung gehen, kleiden sich in Schwarz, um ihre Trauer zum Ausdruck zu bringen. Das schwarze Kreuz steht für den Tod von Jesus Christus. Er ist für uns Menschen auf diese Erde gekommen und hat unsere Leiden im Tod am Kreuz auf sich genommen. Er ist gestorben, damit wir leben können, denn im Ereignis von Ostern hat er der Welt gezeigt, dass Tod und Trauer nicht das letzte Wort Gottes sind.

10   Gott hat die Menschen lieb, deshalb ist in diesem Wappen das schwarze Kreuz in der Mitte eines *roten* Herzens abgebildet. Die Farbe rot und das Symbol des Herzens stehen für die Liebe Gottes gegenüber seiner ganzen Schöpfung. Gott möchte, dass es allen Menschen, allen Tieren und allen Geschöpfen gut geht und alle in Frieden miteinander leben können.

    Als ein Zeichen des Friedens gilt auch die *weiße* Rose, die das Herz umgibt. Sie ist aber auch 15 ein Symbol für die Engel, die die Menschen auf ihrem Lebensweg begleiten.

    Hinter der Rose erhebt sich der *blaue* Horizont. Die Farbe Blau symbolisiert den Himmel und damit die Hoffnung der Menschen auf eine Veränderung der Welt zum Guten und auf ein Leben nach dem Tod. Das Wappen wird umhüllt von einem *goldenen* Ring. Ein Ring hat weder Anfang noch Ende. Die Farbe Gold steht für Gott. Martin Luther möchte damit sagen, dass 20 Gottes Liebe zu seiner Schöpfung unendlich ist.

M2 Die Lutherrose

1. Male das Wappen von Martin Luther in den beschriebenen Farben aus.

2. Entwerfe für deine Familie ein eigenes Wappen. Überlege dir, welche Symbole und Farben du dafür verwenden möchtest.

3. Schreibe die Bedeutung deines Wappens auf.

9. Lebensstationen Martin Luthers

Nenne die wichtigsten Lebensstationen Martin Luthers und schreibe sie in Stichworten in die Felder! Male in der Karte die heutigen Bundesländer Thüringen und Sachsen-Anhalt aus!

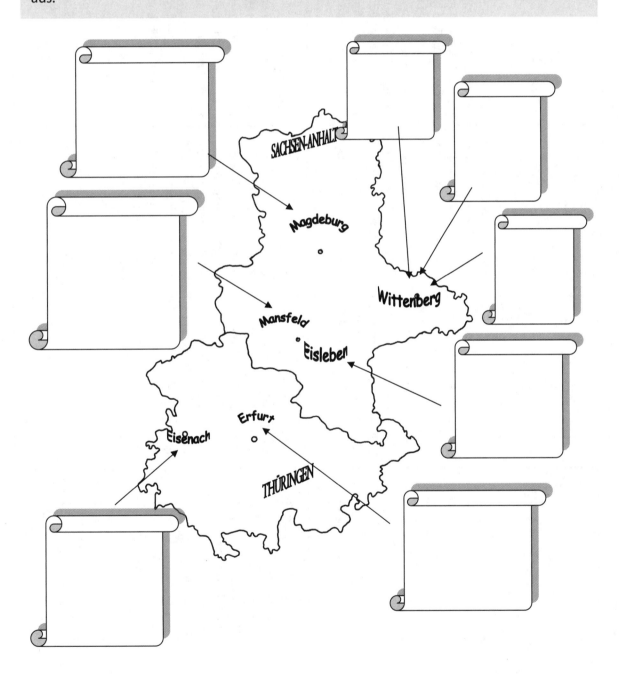

M2 Leporello zu Martin Luthers Leben

4 Reformation
Die katholische Kirche verkaufte Ablassbriefe, die die Sünden der Gläubigen vergeben würden. Luther sah darin einen Verstoß gegen die Worte der Bibel. Er schrieb einen Gegenbrief zum Ablasshandel in Form von 95 Thesen.

3 Im Kloster
Nach einem unerwarteten Ereignis trat Martin Luther in den Orden der Augustinereremiten ein. Er lebte zunächst als Novize in Erfurt, später als Mönch und Universitätsgelehrter in Wittenberg.

5 Reichstag zu Worms
Martin Luther sollte 1521 auf dem Reichstag zu Worms seine reformatorischen Schriften widerrufen.
Luther lehnte diese Aufforderung ab, weil er sie nicht mit seinem Gewissen vereinbaren konnte.

2 Schulzeit
Martin Luther durfte die Schule besuchen. Zunächst ging er auf die Lateinschule von Mansfeld, dann ein Jahr nach Magdeburg und schließlich nach Eisenach. Er lernte Schreiben und Lesen und die lateinische Sprache.

6 Wartburg
Kurfürst Friedrich der Weise veranlasste, Martin Luther auf die Wartburg in Schutzhaft zu bringen. Kaiser Karl V. hatte über Luther die Reichsacht verhängt. Nun war Martin Luther vogelfrei.

1 Kindheit
Martin Luther wurde am 10.11.1483 in Eisleben geboren. Seine Eltern Hans und Margarete zogen bald darauf nach Mansfeld. Die Erziehung der Familie war sehr streng.

Martin Luther

gestaltet von

Inhaltsverzeichnis
1. Kindheit
2. Schulzeit
3. Im Kloster
4. Reformation
5. In Worms
6. Auf der Wartburg

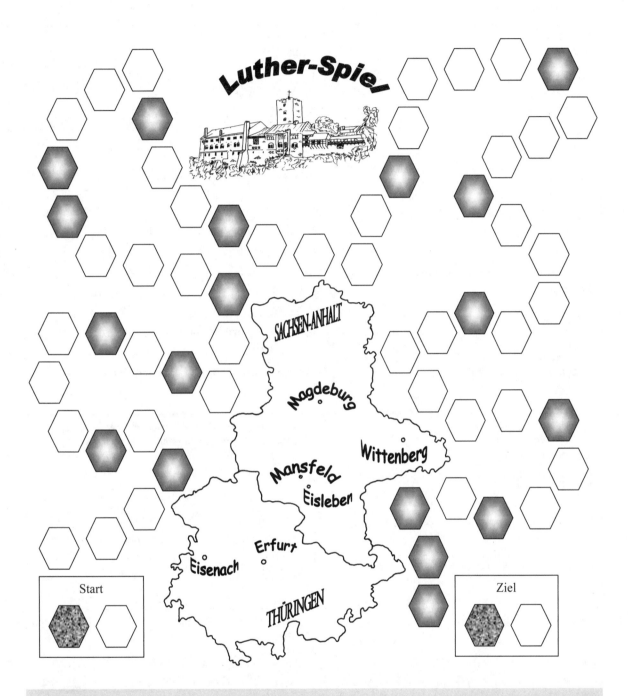

Zwei Mitspieler brauchen einen Würfel, zwei Spielfiguren, den Spielplan und die Fragen-
karten. Gewürfelt und gezogen wird abwechselnd. Wird ein graues Feld erreicht, liest der
Partner eine Frage vor. Bei richtiger Antwort bleibt die Spielfigur auf dem Feld stehen, bei
falscher Antwort muss die Spielfigur um so viele Felder wie die Augenzahl des Würfels
anzeigt zurückgesetzt werden. Gewinner ist der, der das Ziel genau erreicht.

M3 Martin-Luther-Spiel (Fragenkarten)

Wann wurde Martin Luther geboren? Martin Luther wurde am 10.11.1483 geboren.	*Wo* wurde Martin Luther geboren? Martin Luther wurde in Eisleben geboren.
Wie hieß Martin Luthers Mutter? Martin Luthers Mutter hieß Margarete Luther.	Wohin zog die Familie Luther im Jahre 1484? Die Familie zog nach Mansfeld.
Wo ist Martin Luther zur Schule gegangen? Martin Luther ging in Mansfeld, Magdeburg und Eisenach zur Schule.	In welches Kloster ist Luther am 17. Juli 1505 eingetreten? Martin Luther trat in das Augustinereremitenkloster in Erfurt ein.
Was ist ein Ablass? Es ist ein Brief, der Geld kostet und die Sünden vergeben soll.	Wie viele Thesen hat Luther geschrieben? Martin Luther hat 95 Thesen geschrieben.
Wann feiern die evangelischen Christen heute noch den Reformationstag? Jedes Jahr am 31. Oktober.	Wie heißt die Schrift, die Luther im Jahr 1520 über die christliche Freiheit geschrieben hat? Von der Freiheit eines Christenmenschen.
Wo veröffentlichte Martin Luther seine 95 Thesen? In Wittenberg an der Schlosskirche.	Welches Ereignis führte einer Erzählung zufolge dazu, dass Luther den Wunsch äußerte, Mönch zu werden? Die Furcht vor einem Gewitter.
Wie hieß Martin Luthers Vater? Hans Luther.	Welchen Berufswunsch hatte der Vater für seinen Sohn Martin? Er sollte Jura studieren.

Martin-Luther-Spiel (Fragenkarten)

Warum brauchten die Christen nach Luthers Meinung keine Ablassbriefe zu kaufen? Gott vergibt dem Menschen auch ohne Bezahlung. Der Mensch bittet Gott ehrlich um Vergebung und bereut seine Sünden.	Wie heißt die Burg, auf der Martin Luther als „Junker Jörg" versteckt wurde? Die Wartburg.
Welche Strafe verhängte Papst Leo X. am 3.1.1521 über Martin Luther? Er verhängte den Kirchenbann.	Welche Bedeutung hatte der Kirchenbann für Martin Luther? Er wurde offiziell aus der Gemeinschaft der römisch-katholischen Kirche ausgeschlossen.
In welcher Stadt fand im Jahre 1521 der Reichstag statt? Der Reichstag fand in Worms statt.	Wer verhängte die Reichsacht (1521) über Martin Luther? Kaiser Karl V. verhängte die Reichsacht.
Was bedeutete die Reichsacht für Martin Luther? Er war vogelfrei, d.h. er durfte von jedem Menschen getötet werden.	In welchem Bundesland liegt die Wartburg heute? Die Wartburg liegt in Thüringen.
Was ist das Septembertestament? Das Neue Testament, das Martin Luther auf der Wartburg übersetzte, wurde im September 1522 gedruckt.	Wie hieß die Ehefrau von Martin Luther? Seine Frau hieß Katharina von Bora.
In welcher Stadt lebte Martin Luther mit seiner Familie? Luther und seine Familie lebten in Wittenberg.	Welchen Beruf übte Luther in Wittenberg aus? Er war Professor für Theologie.
Wann starb Martin Luther? Er starb am 18.2.1546.	Wo wurde Martin Luther beigesetzt? In der Schlosskirche von Wittenberg.
Warum reiste Martin Luther im Jahre 1546 nach Eisleben? Er reiste nach Eisleben, um einen Erbstreit der Mansfelder Grafen zu schlichten.	Wer ließ Martin Luther auf die Wartburg bringen? Kurfürst Friedrich der Weise.

Lösungen zu den Materialien

S.11 M3 Die Kindheit von Martin Luther

								[9]G			
		[3]M					[8]T	[9]A			
	[2]H	A		[5]E			A	R		[11]B	[12]B
[1]M	A	R	[4]T	I	[6]N	[7]L	U	T	[10]H	E	R
A	N	G	E	S	O	A	F	E	A	R	U
N	S	A	U	L	V	T	T	N	R	G	N
S		R	F	E	E	E	A		Z	M	N
F		E	E	B	M	I	G			A	E
E		T	L	E	B	N				N	N
L		E		N	E					N	
D					R						

S.15 M2 Die Schulzeit von Martin Luther – Suchsel

D	O	F	K	T	E	U	I	G	A	W	F	E	Z	R
H	S	J	S	E	H	B	Y	J	L	A	I	U	G	V
N	W	C	C	G	U	K	L	D	J	C	K	N	E	J
K	A	T	H	E	D	E	R	H	T	H	R	D	K	N
T	K	I	Y	U	O	U	J	I	Z	S	A	A	G	G
C	H	D	N	Q	L	M	H	T	N	T	V	L	R	O
L	E	G	J	E	D	G	R	I	F	A	W	U	I	M
R	I	T	C	L	W	H	E	U	N	F	B	G	F	U
E	S	C	H	U	X	T	R	L	I	E	F	M	F	J
I	E	B	K	W	A	G	E	S	D	L	E	T	E	K
H	N	W	V	L	F	U	J	G	R	N	D	F	L	S
W	A	M	D	N	I	W	A	Y	H	F	G	K	M	C
L	C	F	G	E	T	M	I	F	R	U	T	E	J	L
F	H	U	B	K	H	Q	F	C	I	G	O	H	B	N
N	D	I	L	M	A	N	S	F	E	L	D	D	M	E

S.20 M2 Martin Luther im Kloster – Kammrätsel

1	2	3	4	5	6	7	8	9	10	11
		3G								
		E			6A	7P	8K			11B
		L			U	R	U			I
		Ü			G	I	T			B
1N	2E	B	4B		U	O	T		10B	E
O	**R**	**D**	**E**	**5N**	**S**	**R**	**E**	**9G**	**E**	**L**
V	F	E	I	A	T			E	T	
I	U		C	C	I			B	T	
Z	R		H	H	N			E	E	
E	T		T	T	E			T	L	
			E		R				N	

Lösung (Spine): **ORDENSREGEL**

S.25 M3 Die Reformation – Kreuzworträtsel

c2	c3	c4	c5	c6	c7	c8	c9	c10	c11	c12	c13	c14	c15
									6M				11G
						7A	9B	L	A	S	5S		L
							I		I		C		**A**
				1W			B		**N**		H		U
				A			E		Z		L		B
				H			L				**O**		E
10R	E	**F**	O	R	M			8T	H	**E**	S	E	N
				H							S		
				E			2B				K		
			4D	**I**	S	P	U	**T**	A	T	I	**O**	N
				T			ß				**R**		
							E				C		
											H		
				3F	E	G	E	F	E	U	E	**R**	

Bilde nun aus den grau hinterlegten Buchstaben das Lösungswort!

R	E	F	O	R	M	A	T	I	O	N

S.29 M3 Martin Luther beim Reichstag zu Worms – Silbenrätsel

1. Papst <u>Leo X.</u> strafte Martin Luther mit dem <u>Kirchenbann</u>.
2. Martin Luther schrieb ein Buch über die <u>Freiheit</u> eines Christenmenschen.
3. Karl V. war zu Martin Luthers Zeiten der <u>Kaiser</u> von Deutschland.
4. Friedrich der Weise war <u>Kurfürst</u> von Sachsen.
5. Martin Luther fuhr im April 1521 zum Reichstag nach <u>Worms</u>.
6. Martin Luther widerrief seine Schriften auf dem Reichstag zu Worms nicht, weil er dies mit seinem <u>Gewissen</u> nicht vereinbaren konnte.
7. Karl V. strafte Martin Luther mit der <u>Reichsacht</u>.
8. Martin Luther war durch diese Strafe <u>vogelfrei</u>.

S.28 M2 Martin Luthers Entdeckung (Lösung)

S.32 M2 Martin Luther auf der Wartburg – Fragen rund um die Wartburg

1) Die Wartburg liegt oberhalb der Stadt Eisenach.
2) Der damalige Kurfürst von Sachsen, Friedrich der Weise, hat die Schutzhaft für Martin Luther angeordnet.
3) Der Kaiser hatte die Reichsacht gegenüber Martin Luther ausgesprochen. Deshalb befand sich Martin Luther in Lebensgefahr.
4) Martin Luther war es wichtig, dass alle Menschen in der Lage waren, die Bibel zu lesen.
5) Das Neue Testament wurde im September als Buch gedruckt.
6) Martin Luther hatte von den Unruhen im Land gehört und sorgte sich um die Auswirkungen der Reformation.
7) Die Wartburg erinnert noch heute an die Taten Luthers und die Reformation.

S.36 M2 Martin Luther als Familienvater – Lückentext –

Martin Luther heiratete im Jahre 1525 die ehemalige <u>Nonne</u> Katharina von Bora. Sie wohnten in dem ehemaligen Augustinerkloster in der Stadt <u>Wittenberg</u>.
Martin Luther lehrte <u>Theologie</u> an der <u>Universität.</u> Die Eheleute bekamen sechs <u>Kinder</u>.
Es lebten aber auch noch andere Menschen aus der Verwandtschaft und <u>Bekanntschaft</u> im Hause Luther. Die Familie Luther bekam oft <u>Besuch</u>. Berühmt wurden Martin Luthers Gespräche bei Tisch, die so genannten <u>Tischreden</u>. Das sind gelehrte <u>Gespräche</u>, die Martin Luther mit seinen Gästen führte.
Martin Luther starb im Jahre 1546 in der Stadt <u>Eisleben</u>.
Seine letzte Botschaft bestand in dem Satz:
„Wir sind <u>Bettler</u>, das ist wahr."

Das Wirken Martin Luthers

V&R

Michael Wermke / Volker Leppin

Lutherisch - was ist das?

Eine Unterrichtseinheit
für die Sekundarstufe I

Martin Luther – Leben, Werk und Wirken
2011. 63 Seiten DIN A4,
mit Kopiervorlagen, kartoniert
ISBN 978-3-525-77001-6

In acht abgeschlossenen Bausteinen werden zentrale Thesen Luthers behandelt.
Im Rahmen der Lutherdekade lernen SchülerInnen der Sekundarstufe I so wichtige
Inhalte seiner Thesen kennnen. Hierbei erfolgt zunächst eine grundlegende Einführung
in die Thematik. Didaktisch–methodische Kommentare unterstützen die Arbeit an den
Arbeitsmaterialien.

Hierbei erfolgt zunächst eine grundlegende Einführung in die Thematik. Didaktisch–
methodische Kommentare unterstützen die Arbeit mit den Materialien.

Der Band eignet sich für einen systematischen Durchgang von ca. vier Wochen. Die
praxisbezogenen Arbeitsmaterialien sind aber in sich abgeschlossen und können auch
einzeln verwendet werden.

ERSCHEINT 2012:   Michael Wermke (Hg.) / Volker Leppin / Michael Wermke
Luther: Gottes Wort und Gottes Gnade
Bausteine für den Religionsunterricht in der Sekundarstufe II
2012. ca. 64 Seiten Din A4, mit Kopiervorlagen, kartoniert
ISBN 978-3-525-77005-4

Vandenhoeck & Ruprecht